세종특별자치시교육청

교육공무직원 및 특수운영직군

필기시험

KB116048

제 2 회	영 역	국어 – 초등돌봄전담사, 특수교육실무사, 간호사, 국제교육코디네이터 학교업무 이해하기 – 교무행정사 일반상식(사회, 한국사) – 공통
	문항수	과목별 25문항씩 총 50문항
	시 간	80분
	비 고	객관식 4지선다형

SEOWONGAK
(주)서원각

제2회 기출동형 모의고사

[직종별] 국어

1 다음 중 로마자 표기법과 외래어 표기법이 바른 것으로만 묶인 것은?

① 램프, 스넥, 광희문(Gwanghuimun)

② 스카우트, 브리지, 월곶(Wolgot)

③ 캣츠, 데스크, 합덕(Hapdeok)

④ 쇼파, 보디로션, 왕십리(Wangsimni)

2 다음 중 복수 표준어가 아닌 것은?

① 오사리잡놈 / 오합잡놈

② 일찌감치 / 일찌거니

③ 중신 / 중매

④ 노을 / 놀

3 다음 밑줄 친 부분의 띄어쓰기가 바른 문장은?

① 마을 사람들은 어느 말을 정말로 믿어야 <u>옳은 지</u> 몰라서 멀거니 두 사람의 입을 쳐다보고만 있었다.

② 강아지가 집을 나간 지 <u>사흘만에</u> 돌아왔다.

③ 그냥 모르는 척 <u>살만도 한데</u> 말이야.

④ 자네, 도대체 이게 <u>얼마 만인가</u>.

4 다음 중 발음이 옳은 것은?

① 강아지를 안고[앙꼬] 쇼핑을 했다.

② 이야기 하나로 사람들을 웃기기도[우 : 끼기도]하고 울리기도 했다.

③ 무엇에 홀렸는지 넋이[넉씨] 다 나간 모습이었지.

④ 무릎과[무릅과] 무릎을 맞대고 협상을 계속한다.

5 다음 중 밑줄 친 부분의 맞춤법 표기가 바른 것은?

① 벌레 한 마리 때문에 학생들이 <u>법썩을</u> 떨었다.

② <u>실낱같은</u> 희망을 버리지 않고 있다.

③ <u>오뚜기</u> 정신으로 위기를 헤쳐 나가야지.

④ <u>더우기</u> 몹시 무더운 초여름 날씨를 예상한다.

6 띄어쓰기를 포함하여 맞춤법이 모두 옳은 것은?

① 그는∨가만히∨있다가∨모임에∨온∨지∨두∨시간∨만에 ∨돌아가∨버렸다.

② 옆집∨김씨∨말로는∨개펄이∨좋다는데∨우리도∨언제∨ 한∨번∨같이∨갑시다.

③ 그가∨이렇게∨늦어지는∨걸∨보니∨무슨∨큰∨일이∨난 ∨게∨틀림∨없다.

④ 하늘이∨뚫린∨것인지∨몇∨날∨몇∨일을∨기다려도∨비 는∨그치지∨않았다.

7 밑줄 친 단어 중 우리말의 어문 규정에 따라 맞게 쓴 것은?

① <u>윗층</u>에 가 보니 깨끗이 정리된 방이 하나 있었다.

② <u>뒷편</u>에 정말 오래된 감나무가 서 있다.

③ <u>익숙지</u> 않은 일이었는지 그는 계속 말을 더듬었다.

④ <u>생각컨대</u>, 그 대답은 옳지 않을 듯하다.

8 외래어 표기가 모두 옳은 것은?

① 뷔페 – 초콜렛 – 컬러

② 컨셉 – 서비스 – 윈도

③ 파이팅 – 악세사리 – 리더십

④ 플래카드 – 로봇 – 캐럴

9 다음 밑줄 친 단어와 동일한 의미로 쓰인 것은?

> 충신이 반역죄를 쓰고 감옥에 갔다.

① 밖에 비가 오니 우산을 쓰고 가거라.
② 광부들이 온몸에 석탄가루를 까맣게 쓰고 일을 한다.
③ 그는 마른 체격에 테가 굵은 안경을 썼고 갸름한 얼굴이다.
④ 뇌물 수수 혐의를 쓴 정치인은 결백을 주장했다

10 로마자 표기법에 관한 다음 규정이 바르게 적용된 것은?

> 체언에서 'ㄱ, ㄷ, ㅂ' 뒤에 'ㅎ'이 따를 때에는 'ㅎ'을 밝혀 적는다.

① 좋고(joho)
② 맞히다(machida)
③ 집현전(Jiphyeonjeon)
④ 놓다(nohta)

11 다음 중 단어의 의미가 옳지 않은 것은?

① 동티 : 땅, 돌, 나무 따위를 잘못 건드려 지신(地神)을 화나게 하여 재앙을 받는 일. 또는 그 재앙.
② 뒤넘스럽다 : 주제넘게 행동하여 건방진 데가 있다.
③ 이골 : 아주 길이 들어서 몸에 푹 밴 버릇.
④ 덜퍽지다 : 침착하지 못하고 자꾸 거볍게 행동하다.

12 다음 중 밑줄 친 단어의 의미가 다른 것은?

① 독에 가득 찬 물이 한순간에 사라졌다.
② 의사 선생님은 찬 음식을 가장 조심하라고 말했다.
③ 출퇴근 시간만 되면 버스에 사람이 가득 찼다.
④ 주차장이 가득 차서 더 이상 주차할 곳이 없다.

13 다음 중 외래어 표기의 원칙이 바른 것은?

① 외래어의 음운에 따라 기호는 2개까지 허용한다.
② 파열음 표기는 가장 가까운 된소리를 사용한다.
③ 받침에는 'ㄱ, ㄴ, ㄹ, ㅁ, ㅂ, ㅅ, ㅇ' 만을 쓴다.
④ 외래어는 국어의 현용 '41' 자모로 적는다.

14 다음 중 어문 규정에 어긋난 것을 모두 고른 것은?

> ㉠ 먼발치기   ㉡ 며느리발톱
> ㉢ 다시마자반   ㉣ 새앙손이
> ㉤ 쌍동밤   ㉥ 부지팽이

① ㉠㉡㉢
② ㉠㉢㉥
③ ㉡㉢㉥
④ ㉡㉣㉤

15 다음 빈칸에 공통으로 들어갈 단어는?

> • 방 안에 담배 (   )가 자욱했다.
> • 주연을 맡은 배우의 (   )가 형편없었다.
> • 지급 예정일을 기준으로 최대 7일까지 (   )할 수 있습니다.

① 지연
② 연기
③ 가치
④ 태도

16 다음 빈칸에 들어갈 내용으로 적절한 것은?

> 나는 이때 온몸으로, 그리고 마음속으로 절절히 느끼게 되었다. (   ). 그렇다. 나는 난초에게 너무 집념해 버린 것이다. 이 집착에서 벗어나야겠다고 결심했다. 난을 가꾸면서는 산철에도 나그넷길을 떠나지 못한 채 꼼짝을 못 했다. 밖에 볼일이 있어 잠시 방을 비울 때면 환기가 되도록 들창문을 열어 놓아야 했고, 분(盆)을 내놓은 채 나가다가 뒤미처 생각하고는 되돌아와 들여놓고 나간 적도 한두 번이 아니었다.

① 집착이 곧 괴로움인 것을
② 집착이 다른 이름의 사랑임을
③ 나그넷길을 떠날 시기가 가까워졌음을
④ 난초에게 소홀했음을

17 다음 글의 시점으로 옳은 것은?

잔소리를 두루 늘어놓다가 남이 들을까 봐 손으로 입을 틀어막고는 그 속에서 깔깔대인다. 별로 우스울 것도 없는데, 날씨가 풀리더니 이놈의 계집애가 미쳤나 하고 의심하였다. 게다가 조금 뒤에는 제집께를 할끔할끔 돌아보더니 행주치마의 속으로 꼈던 바른손을 뽑아서 나의 턱 밑으로 불쑥 내미는 것이다. 언제 구웠는지 아직도 더운 김이 홱 끼치는 굵은 감자 세 개가 손에 뿌듯이 쥐였다.

"느 집엔 이거 없지?"

하고 생색 있는 큰소리를 하고는, 제가 준 것을 남이 알면 큰일 날 테니 여기서 얼른 먹어 버리란다. 그리고 또 하는 소리가,

"너, 봄 감자가 맛있단다."

"난 감자 안 먹는다. 니나 먹어라."

나는 고개도 돌리지 않고 일하던 손으로 그 감자를 도로 어깨너머로 쑥 밀어 버렸다.

① 1인칭 주인공 시점
② 1인칭 관찰자 시점
③ 작가 관찰자 시점
④ 전지적 작가 시점

18 제시된 글을 통해 알 수 있는 충렬의 가치관은?

승상이 밖에 나와 충렬의 손을 잡고,

"결혼과 관련하여 너에게 긴히 할 말이 있다. 내가 늙은 말년에 오로지 딸 하나만을 두었는데, 지금 보니 너와 하늘이 정해 준 배필임이 분명하다. 이제 백년고락(百年苦樂)을 너에게 부탁하겠다."

하시는데, 충렬이 무릎을 꿇고 앉아 눈물을 흘리며 여쭈었다.

"소자의 목숨을 구해 주시고 또 슬하(膝下)에 두고자 하시니 감사하기 이를 데가 없습니다. 다만 가슴속에 통탄할 일이 사무쳐 있습니다. 소자가 복이 없어 양친(兩親)의 생사를 모른 채 결혼하여 아내를 얻는 것은 자식으로서 할 도리가 아닙니다. 이것이 한스러울 뿐입니다."

승상이 그 말 듣고 슬픔에 젖어서 충렬의 손을 잡고 말하기를,

"이것은 때에 맞추어 임기응변으로 일을 적절하게 처리하는 방법이다. 너의 집 시조 공(始祖公)도 일찍 부모를 여의고 장씨 가문에 장가가서 어진 임금을 만나 개국 공신이 되었으니, 조금도 서러워 마라."

하시고, 즉시 좋은 날을 택하여 혼례를 치르니, 아름다운 신랑과 신부의 모습은 하늘에서 죄를 짓고 인간 세상에 내려온 신선이 분명하였다.

① 남녀가 유별함을 인지한 채 행동해야 한다.
② 진리를 탐구할 때에 가장 중요한 것은 사실을 바탕으로 하는 것이다.
③ 사사로운 것에 현혹되어서는 안 된다.
④ 부모에 대한 자신의 도리를 다하여야 한다.

19 다음 주어진 글의 특징으로 가장 적절한 것은?

백차의 불빛을 피해 골목으로 달아나던 여인의 모습이 조금만 더 젊었더라면, 나는 그를 잊어버렸을지도 모른다. 그러나 그 여인은 젊지 않았다. 그가 남들처럼 평범한 삶을 사는 여인이었다면, 그의 팔에는 손자나 안고 있어야 할 그런 나이 같지 않았던가.

오늘도 어두운 골목길에서 지나가는 남자의 옷소매를 붙들고 있을 여인들의 모습을 상상해 본다. 그들에게 생존이란 무엇일까. 조물주는 풀 한 포기, 미물 하나에도 그 존재 의의를 부여했다고 하는데, 그들에게는 어떤 의미가 예비되어 있는 것일까. 산다는 것은 어떤 말로 폄하더라도 축복이요 은혜임엔 틀림없다. 그러나 살아 있음이 곧 욕(辱)일 수도 있는 삶들이 우리 사회에 존재한다는 사실을 나는 그 날 아픈 마음으로 보았다. 내 의식 속에 끈끈하게 매달려 있는 한 여인을 떠올릴 적마다, 나는 생존의 의미라는 좀 더 본질적인 문제를 생각해 보지 않을 수 없는 것이다.

① 정보를 객관적으로 분석하는 글이다.
② 자신의 체험을 자유롭게 쓴 글이다.
③ 한 인물의 연대기를 소개하는 글이다.
④ 구체적인 예시를 통해 주제를 설명하는 글이다.

20 다음 주어진 글의 빈칸에 들어갈 단어로 적절한 것은?

> 사회 생물학은 인간을 포함한 모든 동물들의 사회적 행동의 진화를 연구하는 학문이다. 그리고 사회 생물학 연구의 가장 중심에 놓인 질문은 바로 이타성에 관한 것이다. 생물이란 모름지기 누구나 자기를 위해 사는 이기적 존재인 것 같은데 솔제니친이 관찰한 개미들은 왜 스스로 목숨까지 버리며 희생을 마다하지 않는 것일까? 영국 옥스퍼드 대학의 생물학자 리처드 도킨스가 "이기적 유전자"에서 명쾌하게 설명한 사회 생물학 이론에 따르면, 겉으로는 이타적으로 보이는 개미의 행동도 유전자의 수준에서 보면 보다 많은 복사체를 후세에 남기려는 이기적 행동의 (   )이다. 솔제니친의 수필 '모닥불과 개미'가 이끌어 준 학문인 사회 생물학은 내게 세상을 보는 전혀 새로운 렌즈를 제공했다.
>
> – 최재천, 「과학자의 서재」 –

① 진화　　　　　② 비극

③ 산물　　　　　④ 발전

21 다음에 제시된 글의 흐름이 자연스럽도록 순서대로 배열한 것은?

> ㈎ 목청껏 소리를 지르고 손뼉을 치고 싶은 충동 같은 것 말이다.
> ㈏ 나는 가끔 충동을 느낄 때가 있다.
> ㈐ 환호가 아니라도 좋으니 속이 후련하게 박장대소라도 할 기회나마 거의 없다.
> ㈑ 마음속 깊숙이 잠재한 환호에의 갈망 같은 게 이런 충동을 느끼게 하는지도 모르겠다.
> ㈒ 그러나 요샌 좀처럼 이런 갈망을 풀 기회가 없다.

① ㈎ – ㈑ – ㈏ – ㈒ – ㈐

② ㈏ – ㈎ – ㈑ – ㈒ – ㈐

③ ㈏ – ㈎ – ㈒ – ㈐ – ㈑

④ ㈐ – ㈎ – ㈑ – ㈒ – ㈏

22 다음 글의 내용 전개 방식으로 적절한 것은?

> 먼저 장지(壯紙) 한 축을 사다 놓고 언문 궁체(宮體)로 '삼설음', '사씨남정기', '장화홍련전', '유충렬전', '옥루몽', '구운몽', '흥부전', '춘향전', '삼국지' 등을 베낀 후에 책을 매고 한 장 한 장 책장마다 들기름을 칠했다. 여러 사람이 열독(閱讀)하는데 책장이 피어 상하기 쉬운 것을 예방하는 것이다. 이리하여 수십 권 내지 수백 권의 책이 된 후엔 곳간과 방 안에 가득하게 선반을 달아 놓고 손수 만든 책을 차례차례 쌓아 놓는다.

① 대화 위주로 독자들의 흥미를 유발하고 있다.

② 상황을 과정에 따라 서술하고 있다.

③ 일정한 기준을 제시하고 이에 따라 대상들을 설명하고 있다

④ 대상이 가진 특징을 사물에 비유하여 주제를 강조하고 있다.

23 다음 글에서 밑줄 친 문장과 같은 표현이 사용되지 않은 문장은?

> "진수야, 그만두고 자아, 업자."
> 하는 것이었다.
> "업고 건느면 일이 다 되는 거 아니가. 자아, 이거 받아라."
> 고등어 묶음을 진수 앞으로 민다.
> "……."
> 진수는 퍽 난처해하면서 못 이기는 듯이 그것을 받아 들었다. 만도는 등어리를 아들 앞에 갖다 대고 하나밖에 없는 팔을 뒤로 버쩍 내밀며
> "자아, 어서!"
> 진수는 지팡이와 고등어를 각각 한 손에 쥐고, 아버지의 등어리로 가서 슬그머니 업혔다. 만도는 팔뚝을 뒤로 돌려서 아들의 하나뿐인 다리를 꼭 안았다. 그리고
> "팔로 내 목을 감아야 될 끼다."
> 했다. 진수는 무척 황송한 듯 한쪽 눈을 찍 감으면서 고등어와 지팡이를 든 두 팔로 아버지의 굵은 목덜미를 부둥켜안았다. 만도는 아랫배에 힘을 주며 '끙!' 하고 일어났다. 아랫도리가 약간 후들거렸으나 걸어갈 만은 했다. 외나무다리 위로 조심조심 발을 내디디며 만도는 속으로, 이제 <u>새파랗게 젊은 놈</u>이 벌써 이게 무슨 꼴이고. 세상을 잘못 만나서 진수 니 신세도 참 똥이다, 똥. 이런 소리를 주워섬겼고 아버지의 등에 업힌 진수는 곧장 미안스러운 얼굴을 하며, '나꺼정 이렇게 되다니, 아부지도 참 복도 더럽게 없지. 차라리 내가 죽어 버렸더면 나았을 낀데…….' 하고 중얼거렸다.
> 만도는 아직 술기가 약간 있었으나 용케 몸을 가누며 아들을 업고 외나무다리를 조심조심 건너가는 것이었다.
>
> – 하근찬, 「수난이대」 –

① 바깥에 나갔다 오면 손을 씻으렴.

② 손자들이 재롱부리는 모습이 눈에 밟히네.

③ 문제 해결을 위해서 우리 모두 머리를 맞대자.

④ 폭설로 승객 6백여 명이 열차 안에서 발이 묶였다.

우리나라에 들어온 양옥은 대체로 벽돌이나 콘크리트를 주재료로 하고 의자 생활에 알맞게 되어 있는데, 한옥은 나무와 흙을 주재료로 하고 바닥에 앉아서 사는 생활에 편하게 되어 있다. 특히 양옥이 집을 중심으로 주변에 자연물이나 정원을 배치하는 데 비해, 한옥은 자연과 집이 적절하게 조화를 이루도록 지었다.

(중략)

이러한 특징을 지닌 한옥의 장점은 무엇보다도 자연 친화적이라는 점이다. 예컨대 현대 건축에서 자주 문제가 되는 환경 파괴가 한옥에는 거의 없다. 한옥은 짓는 터전을 훼손하지 않으며, 터가 생긴 대로 약간만 손질하면 집을 지을 수 있기 때문이다. 또한 한옥을 짓는 데 사용되는 천연 건축 자재는 공해를 일으키지 않는다. 아토피성 피부염 등의 현대 질병에 한옥이 좋은 이유가 여기에 있다. 재활용이 가능한 것도 한옥의 장점이다. 예를 들어 수명이 다한 집을 헐어 내어 자재를 폐기하면 흙이나 거름이 되고, 땔나무 등으로 다시 쓸 수도 있다.

오랜 세월에 걸쳐 발전해 온 한옥은 20세기 들어 생활 양식이 급속하게 바뀌면서 많이 사라지게 되었다. (㉠) 최근 들어 한옥의 장점을 재발견하면서 한옥에 대한 관심과 이해가 다시 높아지고 있다. 오늘날 한옥은 화장실을 집 안에 들이고 난방을 쉽게 하는 등, 현대에 맞게 새롭게 발전하고 있다. 우리의 역사와 문화를 담고 있는 한옥을 더욱 사랑하고 발전시켜야겠다.

– 신영훈, 「한옥의 이해」–

24 위 글의 내용과 일치하지 않는 것은?

① 양옥의 주재료는 벽돌이나 콘크리트이다.
② 한옥은 자연과 집이 조화를 이루도록 한다.
③ 한옥은 터를 잡을 때 외에는 자연을 훼손하지 않는다.
④ 한옥은 수명을 다할 때에도 재활용이 가능하다.

25 ㉠에 들어갈 말로 가장 적절한 것은?

① 그러므로
② 예를 들어
③ 하지만
④ 더욱이

[직종별] 학교업무 이해하기

1 세종교육의 비전으로 옳은 것은?

① 새로운 학교 행복한 아이들
② 새로운 세종 행복한 학생들
③ 행복한 학교 생각하는 아이들
④ 생각하는 학교 참여하는 아이들

2 세종교육 정책 기본 방향 중 '혁신교육'에 대한 설명은?

① 세종창의적교육과정 운영
② 통일시대 시민교육 강화
③ 교육복지 완성, 안심교육 실현
④ 교육혁신 지속, 교육자치 실현

3 세종시교육청 조직의 특징으로 옳은 것은?

① 세종시교육청의 직속기관은 세종교육원 하나뿐이다.
② 하급교육행정기관인 '교육지원청'이 없는 단층형 광역교육청을 운영한다.
③ 공무원 현황에서 가장 많은 인원을 차지하는 것은 일반직 공무원이다.
④ 부교육감의 정원은 2명이다.

4 부교육감을 2인 둘 수 있는 기준으로 옳은 것은?

① 인구 500만 명 이상이고 학생 140만 명 이상인 시·도
② 인구 600만 명 이상이고 학생 150만 명 이상인 시·도
③ 인구 700만 명 이상이고 학생 160만 명 이상인 시·도
④ 인구 800만 명 이상이고 학생 170만 명 이상인 시·도

5 교육감의 임기에 대한 설명으로 옳은 것은?

① 임기는 4년으로 하며, 교육감의 계속 재임은 2기에 한한다.
② 임기는 4년으로 하며, 교육감의 계속 재임은 3기에 한한다.
③ 임기는 5년으로 하며, 교육감의 계속 재임은 2기에 한한다.
④ 임기는 5년으로 하며, 교육감의 계속 재임은 2기에 한한다.

6 성문법의 위계로 옳은 것은?

① 헌법 > 법률 > 대통령령 > 총리령 ≧ 부령 > 조례 > 규칙, 교육규칙
② 헌법 > 법률 > 대통령령 > 총리령 ≧ 조례 > 부령 > 규칙, 교육규칙
③ 헌법 > 법률 > 대통령령 > 부령 ≧ 총리령 > 조례 > 규칙, 교육규칙
④ 헌법 > 법률 > 대통령령 > 총리령 ≧ 부령 > 규칙, 교육규칙 > 조례

7 다음은 무엇에 대한 설명인가?

> 상급기관이 하급기관에 개별적·구체적으로 발하는 명령

① 훈령
② 예규
③ 지시
④ 고시

8 다음 중 학교생활기록 작성에 대한 설명으로 옳지 않은 것은?

① 인적사항 : 학생의 성명·주민등록번호 및 주소 등을 기재한다.
② 학적사항 : 학생이 해당 학교에 입학하기 전에 졸업한 학교의 이름, 졸업 연월일 및 재학 중 학적 변동이 있는 경우 그 날짜·내용 등을 기재한다.
③ 출결사항 : 학생의 학년별 출결상황 등을 기재한다. 다만 「학교폭력 예방 및 대책에 관한 법률」 제17조의 조치사항에 따른 것인 경우에는 그 내용을 기재하지 않는다.
④ 자격증 및 인증 취득상황 : 학생이 취득한 자격증의 명칭, 번호, 취득 연월일 및 발급기관과 인증의 종류, 내용, 취득 연월일 및 인증기관 등을 기재한다.

9 「학교생활기록 작성 및 관리지침」에 따른 용어의 정의로 옳지 않은 것은?

① "전산자료"란 학교생활기록부 및 관련 보조부 등을 체계적으로 전산처리한 자료를 말한다.
② "전산매체"란 각종 전산자료가 기억·보관되어 있는 자기테이프, 디스크 등 보조기억매체를 말한다.
③ "사용자"란 교육정보시스템 운영을 위해서 학교장으로부터 정당한 권한을 부여받은 자로서 시스템을 이용하여 관련 업무를 직접 처리하는 자를 말한다.
④ "원적교"란 재취학·재입학(복학 포함)·전입학·편입학 등 학생의 학적이 변동된 후에 재학하게 된 학교를 말한다.

10 귀국학생 등이 재취학·편입학 시, 해당학교에 제출하는 서류가 아닌 것은?

① 성적증명서
② 출입국사실증명서
③ 주민등록등본(귀국일자 이전 발행된 것)
④ 예방접종증명서

11 다음 빈칸에 들어갈 내용에 해당하지 않는 것은?

> '(   ) 특기사항' 란에는 (   )에서 결정한 「학교폭력예방 및 대책에 관한 법률」제17조(가해학생에 대한 조치사항) 제1항 제4호(사회봉사), 제5호(특별교육이수 또는 심리치료), 제6호(출석정지)에 따른 조치사항을 (   )와 함께 결정 (   ) 입력한다.

① 학적사항
② 학교폭력대책심의위원회
③ 조치 결정일자
④ 7일 이내에

12 다음 중 교무행정사의 업무에 해당하지 않는 것은?

① 기안 및 에듀파인 업무, 홈페이지 유지 및 각종 통계 관리
② 교직원 연수, 방과후 및 돌봄, 알리미 서비스 지원
③ 전·입학 학생(입·퇴원아) 관련 처리, 학습준비물기자재 및 간행물 관리
④ 식단 작성, 식재료의 선정 및 검수

13 근로계약서에 명시해야 하는 근로조건이 아닌 것은?

① 임금의 구성항목

② 임금 계산방법

③ 소정근로시간

④ 임금의 지급시간

14 다음에서 설명하는 것은?

공익의 목적을 효과적으로 달성하기 위하여 직원의 지식과 기능을 변화시켜 그들이 맡은 바 직무를 효과적으로 수행할 수 있도록 역량을 강화하여 조직 적응력 향상 및 직무 능력 향상으로 교육공무직원의 직무 자긍심을 고취하도록 하는 계획된 조직적 활동

① 인사관리

② 근무성적평정

③ 교육훈련

④ 징계

15 다음 중 근무성적 평가가 생략 가능한 경우가 아닌 것은?

① 근무성적 평가 대상 기간 중 실제 근무한 기간이 3개월 미만인 근로자

② 1년 미만의 기간제 근로자

③ 대체인력

④ 1주 동안의 소정근로시간이 15시간인 근로자

16 다음 중 징계의 사유에 해당하는 것을 모두 고르면 몇 개인가?

ⓐ 취업규칙 또는 취업규칙에 의한 명령이나 지시를 위반한 경우
ⓑ 공금을 유용·착복 또는 배임하거나, 업무상 기밀을 누설하여 손해를 끼친 경우
ⓒ 안전 및 보건상의 의무를 위반한 경우
ⓓ 구류 이상의 유죄 판결이 확정된 경우
ⓔ 정당한 사유로 결근·지각·조퇴·근무장소 이탈 등을 한 경우

① 2개

② 3개

③ 4개

④ 5개

17 다음 중 해고 사유에 해당하지 않는 것은?

① 징계사유로 해고가 결정되었을 때

② 업무수행능력이 현저히 부족하거나, 업무태만의 정도가 심한 경우

③ 직제와 정원의 개편, 사업의 종료나 변경 등 계약의 해지가 불가피한 경우

④ 신체 또는 정신적 장애가 발생한 경우

18 다음 상황에서 교육공무직원 甲에게 지급해야 하는 시간외 근로수당은 얼마인가?

• 9시에 출근하여 24시까지 근무
• 소속 기관(학교)의 출근시간 9시, 퇴근시간 17시
• 연장근로 시간 : 18시부터 24시까지
• 연장근로 도중 30분 휴게시간 부여(근로자와 협의된 일정한 시간에 부여함)
• 시간급 통상임금이 1만원인 경우

① 55,000원

② 82,500원

③ 92,500원

④ 97,500원

19 1주일간 '소정근로일'을 개근한 자에 대하여 주 1일의 유급휴일을 부여하는 것은?

① 주휴일

② 연차

③ 월차

④ 병가

20 일반병가는 연간 며칠을 초과할 수 없는가?

① 30일

② 40일

③ 50일

④ 60일

21 부모, 배우자, 자녀 또는 배우자의 부모의 질병, 사고, 노령으로 인하여 그 가족을 돌보기 위해 신청하는 가족돌봄 휴직의 휴직기간은?

① 3개월

② 6개월

③ 1년

④ 2년

22 다음 중 'K-에듀파인'의 주요 단위업무가 아닌 것은?

① 예산관리
② 급식관리
③ 자금관리
④ 예산/기금결산

23 기록물 관리의 필요성에 대한 설명으로 잘못된 것은?

① 업무효율 향상 : 업무처리의 기본 수단이며, 후임자에게는 업무파악의 중요한 정보자료로 이를 통해 업무의 효율성이 향상될 수 있다.
② 증거자료 활용 : 학교의 조직 및 기능, 정책, 운영절차 등과 관련한 활동의 증거자료로 활용할 수 있다.
③ 역사전통 계승 : 각종 기록물을 지식 정보로 활용하고 학술 연구의 자료로 이용할 수 있다.
④ 권익 보호 : 법적권리, 재산권 등 권리의무를 명확히 하여 교육가족의 권익을 보호할 수 있다.

24 다음에 설명하고 있는 학교회계 운영의 일반원칙은?

> 학교회계 운영에 있어 각 회계연도에 지출하여야 할 경비의 재원은 당해 연도의 세입에서 충당하고, 당해 연도의 세출은 반드시 그해에 지출하여야 하며 다른 연도의 사업에 지출해서는 안 된다.

① 예산총계주의 원칙
② 회계연도 독립의 원칙
③ 수입의 직접 사용 금지의 원칙
④ 예산의 목적 외 사용금지 원칙

25 다음은 개인정보의 유형 중 어떤 것에 속하는가?

> 직장, 고용주, 근무처, 근로경력, 직무평가기록 등

① 신체적 정보
② 정신적 정보
③ 재산적 정보
④ 사회적 정보

[공통] 일반상식(사회, 한국사)

1 의원내각제의 특성에 대한 설명으로 옳은 것은?

① 내각이 의회에 존립을 의존하게 되므로 민주적 요청에 부적합하다.
② 의회와 내각이 대립하는 경우 신속한 해결이 불가능하다.
③ 내각이 의회에 연대 책임을 지므로 책임정치를 시행할 수 있다.
④ 의회가 정권획득의 투쟁의 장소로 변질될 우려가 적다.

2 인터넷의 발달로 UCC 등을 통하여 한류 열풍이 일어나는 등의 문화현상을 가장 잘 나타낸 용어는?

① 문화전파
② 문화개혁
③ 문화지체
④ 문화공존

3 다음 중 완전경쟁시장의 특징이 아닌 것은?

① 수요자와 공급자의 수가 많다.
② 거래되는 상품이 동질의 상품이다.
③ 새로운 기업의 시장 진입이 자유롭다.
④ 가격경쟁이나 비가격경쟁이 심하게 나타난다.

4 선거구를 특정 정당이나 후보자에게 유리하게 인위적으로 획정하는 것은?

① 페이스메이커
② 캐스팅보트
③ 로그롤링
④ 게리맨더링

5 자동차 - 휘발유, 석탄 - 석유의 관계를 나타내는 용어로 옳게 짝지어진 것은?

① 독립재, 열등재
② 보완재, 대체재
③ 독립재, 보완재
④ 기펜재, 열등재

6 우리나라가 경제성장정책에서 수출주도형 성장전략을 채택하게 된 가장 주된 이유는?

① 자원이 빈약하고 국내시장이 협소하였기 때문에
② 수출증대를 통한 국제수지의 흑자를 위해서
③ 성장과 분재를 동시에 달성할 수 있기 때문에
④ 경제성장과 물가안정을 동시에 이룰 수 있기 때문에

7 다음 중 후기 도시화의 과정에 해당하는 내용은?

① 공업도시의 형성
② 이촌향도 현상
③ 도시로의 인구 집중
④ 도시적 생활양식의 농촌 파급

8 계획경제의 특징으로 옳지 않은 것은?

① 사유재산의 원칙적 부정
② 생산수단의 국유화
③ 중앙계획기구에 의한 계획 및 결정
④ 영리추구의 허용

9 다음 중 사권에 해당하는 권리만으로 묶인 것은?

① 청구권, 평등권, 사회권
② 자유권, 재산권, 참정권
③ 인격권, 신분권, 재산권
④ 사회권, 행정권, 재산권

10 다음 중 사회·문화현상을 탐구하는 태도로 옳지 않은 것은?

① 사회·문화현상의 특수성을 고려한다.
② 가능한 한 선입견이나 편견을 배제한다.
③ 부분적인 가치를 지닌 특정한 이론은 그대로 받아들인다.
④ 사회·문화현상 그 자체를 있는 그대로 정확하게 인식하는 단계에서는 제3자의 입장에 서야 한다.

11 다음 사례에서 A씨의 아내가 받는 상속액은?

> A씨는 아내, 딸 1명, 아들 1명을 둔 가정의 가장이다. 딸과 아들은 모두 미혼이며, 자녀가 없는 상태이다. 어느 날 교통사고로 A씨는 현장에서 사망하였고, 같이 타고 있던 아들은 병원으로 옮겨져 치료를 받다가 사망하였다. 유언장은 없는 상태였고, A씨가 남겨 놓은 재산을 계산해 보니 2억 1,000만 원이었다.

① 6,000만 원 ② 7,000만 원
③ 9,000만 원 ④ 1억 5,000만 원

12 행정상 손해배상과 손실보상 제도에 대한 설명으로 옳지 않은 것은?

① 공무원의 직무상 불법행위로 인해 발생한 손해에 대해서는 행정상 손해배상을 청구할 수 있으며, 그 손해에 대한 입증책임은 그것을 주장하는 피해자가 부담한다.
② 행정상 손해배상은 공무원의 직무상 행위로 인해 손해를 받은 국민이 정당한 배상을 국가 또는 공공단체에 청구할 수 있는 제도이므로 해당 공무원에게는 책임을 묻지 않는다.
③ 행정상 손실보상은 적법한 행정작용에 의하여 개인에게 가해진 재산상의 손실을 보상해 주는 제도로서, 공공의 필요에 의한 재산권의 수용, 사용, 제한으로 인해 개인에게 '특별한 희생'이 발생했을 경우에 성립된다.
④ 행정상 손해배상은 행위자의 책임에 입각한 '과실 책임주의'를 이념으로 하고 있는 데 비해, 행정상 손실보상은 공평 부담의 원칙에 기초한 '무과실 책임주의'를 이념으로 하고 있다.

13 삼한에 대한 설명으로 옳지 않은 것은?

① 제정일치의 사회였다.
② 저수지가 축조되고 벼농사가 발달하였다.
③ 철이 많이 생산되어 낙랑과 왜 등에 수출하였다.
④ 5월과 10월에 계절제를 열어 하늘에 제사를 지냈다.

14 다음 글에 해당하는 왕의 정책으로 옳은 것은?

- 처음으로 소를 이용한 밭갈이가 시작되었다.
- 국호를 한자식 표현인 '신라'로 바꾸었다.

① 우산국을 복속시켜 영토로 편입하였다.
② 왕호를 이사금에서 마립간으로 바꾸었다.
③ 이차돈의 순교를 계기로 불교를 공인하였다.
④ 고령의 대가야를 정복하여 낙동강 유역을 확보하였다.

15 발해의 대외관계에 대한 설명으로 옳지 않은 것은?

① 당과 신라를 견제하기 위해 돌궐과 외교관계를 맺기도 하였다.
② 일본과는 서경 압록부를 통해 여러 차례 사신이 왕래하였다.
③ 당에 유학생을 보냈는데 빈공과에 급제한 사람이 여러 명 나왔다.
④ 일본은 발해에 보낸 국서에서 발해왕을 '고려왕'으로 표현하기도 하였다.

16 다음 제도가 시행된 이후 나타난 변화로 옳지 않은 것은?

각 도의 공물은 이제 미포(米布)로 상납한다. 공인으로 삼은 사람에게 그 가격을 넉넉히 계산해 주어 관청 수요에 미리 준비하게 한다. 그러나 본래 정해진 공물 그대로를 상납하는 이는 제때 내야 한다.

① 공물을 각종 현물 대신 쌀·베·동전으로 징수하였다.
② 각 고을에서 가호(家戶)를 기준으로 공물을 부과하였다.
③ 토지가 없거나 적은 농민은 공물 부담이 경감되었다.
④ 물품의 수요와 공급이 증가하면서 상품화폐경제가 발전하였다.

17 다음과 같은 사실로 인하여 나타난 것과 같은 결과를 초래한 사실은?

1960년대 이후 정부는 성장 위주의 경제정책을 실시하여, 해외시장에서 가격경쟁력을 유지하기 위한 저임금정책을 오랫동안 지속하였다.

① 고구려는 춘궁기에 농민에게 곡식을 꾸어 주는 진대법을 실시하였다.
② 고려는 이자가 원곡과 같은 액수가 되면 그 이상 이자를 받지 못하도록 하였다.
③ 조선은 물화를 제조·교역하는 수공업과 상업을 국가에서 엄격히 통제하였다.
④ 조선후기에 정부는 부족한 농경지를 확보하기 위하여 개간을 적극 장려하였다.

18 다음 중 고려의 지방행정조직에 대한 설명으로 옳지 않은 것은?

① 경기를 제외한 5도에 안찰사를 파견하였다.
② 향·소·부곡은 특별행정구역이었다.
③ 양계는 군사적 목적으로 설치되었다.
④ 중앙집권화를 강화하기 위하여 모든 현과 속현에 지방관을 파견하였다.

19 다음과 관련된 운동에 대하여 옳게 설명한 것은?

- 공·사채를 물론하고 기왕의 것은 무효로 한다.
- 노비문서를 소각한다.
- 7종의 천인 차별을 개선하고 백정이 쓰는 평량갓을 없앤다.
- 왜와 내통한 자는 엄징한다.
- 토지는 평균하여 분작한다.

① 처음부터 대대적인 정치적 투쟁의 성격을 띠었다.
② 반봉건·반침략적 성격을 띠었다.
③ 반외세적 성격을 띠어 집권세력의 전폭적인 지지를 얻어 성공하였다.
④ 개혁의 급진성으로 인하여 아무런 영향을 끼치지 못하였다.

20 다음의 조선시대 수취체제에 관한 설명 중 옳은 것끼리 묶은 것은?

> ㉠ 방납업자는 농민으로부터 실제 책정된 공납의 3~4배를 받았다.
> ㉡ 공납의 폐단을 개혁하기 위해 대공수미법이 제안되었다.
> ㉢ 환곡은 상평창이 담당하였고 구휼을 목적으로 하여 실제 농민들의 부담을 덜어 주었다.
> ㉣ 군역이 요역화되면서 농민들의 부담은 줄어들었고, 담당자 확보도 수월해졌다.
> ㉤ 군역은 보법→대립제→방군수포제→균역법의 순으로 변천하였다.

① ㉠㉡
② ㉠㉤
③ ㉡㉣
④ ㉢㉣

21 다음 제도와 동일한 의도로 시행된 정책은?

> 이 제도는 고구려 고국천왕(故國川王) 때의 빈민구제책으로써 춘궁기에 국가가 농민에게 양곡을 대여해 주었다가 수확기에 갚도록 한 제도이다. 음력 3~7월까지 관곡(官穀)을 풀어 가구(家口)의 많고 적음에 따라 대여하였다가 10월에 갚도록 하였다.

① 칠재
② 양현고
③ 의창
④ 향도

22 다음 각 실학자들의 주장 내용이 잘못 연결된 것은?

① 박지원 : ≪양반전≫을 저술하여 양반 중심 문벌제도의 비생산성을 비판하였다.
② 유득공 : ≪금석과안록≫을 지어 북한산비가 진흥왕 순수비임을 밝혔다.
③ 유형원 : 자영농 육성을 위한 토지제도의 개혁안으로 균전론을 주장하였다.
④ 정약용 : 실학을 집대성하였으며 토지제도 개혁론으로 여전론과 정전제 등을 주장하였다.

23 1949년에 제정된 농지개혁법과 관련된 설명으로 옳지 않은 것은?

① 제정 즉시 시행되지 못하고 이듬해인 1950년에 시행되었다.
② 유상매입, 유상분배의 원칙을 적용하여 농지를 재분배하였다.
③ 토지 소유의 상한선이 규정되지 않아 실효를 거두지 못하였다.
④ 경작지만을 대상으로 한 점에서 1946년 시행된 북한의 토지개혁과 차이가 있었다.

24 다음 선언과 관련된 단체에 대한 설명으로 옳은 것은?

> 공평은 사회의 근본이고 애정인 인류의 본령이다. 그런 고로 우리들은 계급을 타파하고 모욕적 칭호를 폐지하여 교육을 장려하며 우리들도 참다운 인간이 되는 것을 기하고자 한다.

① 어린이날을 제정하고 ≪어린이≫ 잡지를 발간하였다.
② 조선공산당을 중심으로 사회주의 운동을 전개하였다.
③ 백정의 평등한 대우를 요구하는 형평운동을 일으켰다.
④ 정치적·경제적 각성을 촉구하며 기회주의를 배격하였다.

25 다음 자료와 관련된 설명으로 옳은 것은?

> 남과 북은 분단된 조국의 평화적 통일을 염원하는 온 겨레의 뜻에 따라, 7·4 남북 공동 성명에서 천명된 조국 통일 3대 원칙을 재확인하고, 정치·군사적 대결 상태를 해소하여 민족적 화해를 이룩하고, 무력에 대한 침략과 충돌을 막고 긴장 완화와 평화를 보장하며 다각적인 교류·협력을 실현하여 민족 공동의 이익과 번영을 도모하여 쌍방 사이의 관계가 나라와 나라 사이의 관계가 아닌 통일을 지향하는 과정에서 잠정적으로 형성되는 특수 관계라는 것을 인정하고 평화통일을 성취하기 위한 공동의 노력을 경주할 것을 다짐하면서 다음과 같이 합의하였다.

① 최초로 남북한 정상이 만나 합의한 공동 선언문이다.
② 남북한 동시 유엔 가입 등 화해 분위기가 배경이 되었다.
③ 남북조절위원회를 구성하고 직통 전화를 가설하기로 하였다.
④ 경의선 철도 복원 사업을 결정하는 계기가 되었다.